www.ingramcontent.com/pod-product-compliance
Lightning Source LLC
Chambersburg PA
CBHW080923170526
45158CB00008B/2214
9781088455234